AF257395

Union des Fédérations Anticléricales et Sociales

DES

GROUPES ANTICLÉRICAUX

LOGES MAÇONNIQUES — SOCIÉTÉS DE LIBRE-PENSÉE

UNION DE FRANCE

III° FÉDÉRATION RÉGIONALE

(OUEST)

GROUPE D'ANGERS

LA DÉCENTRALISATION

NEVERS

IMPRIMERIE NIVERNAISE, L. LOVY
2, quai de Loire

—

1887

STATUTS-TYPE

POUR

AIDER A LA FORMATION

DES GROUPES

ET A LA RÉDACTION DE LEURS

STATUTS PARTICULIERS

Envoyé par les soins du Comité de Direction
de l'*Union des Fédérations régionales
anticléricales*. — Nevers

(Nièvre)

UNION DE FRANCE

III FÉDÉRATION RÉGIONALE
(OUEST)

GROUPE D'ANGERS

LA DÉCENTRALISATION

NEVERS

IMPRIMERIE NIVERNAISE, L. LOVY
2, quai de Loire

—

1887

AVANT-PROPOS

Les soussignés déclarent que, fidèles observateurs de la loi du 14 juin 1791, ils n'entendent représenter ou rappeler aucune corporation, l'association étant destinée à la propagande pacifique et légale des principes anticléricaux et sociaux et du bonheur commun pour l'amélioration du sort des classes laborieuses, auquel tendront tous ses efforts.

STATUTS

Article premier.

Une Société anticléricale est formée à **Angers** sous la dénomination de : *la Décentralisation.*

Elle comprend les adhérents des communes environnantes.

Sa devise est : « *Agis comme tu penses.* »

Art. 2.

Tout citoyen ou citoyenne de tout âge et de toute nationalité résidant à Angers ou dans les environs, peut faire partie du Groupe *la Décentralisation* aux conditions suivantes :

1° Jouir de ses droits civils et civiques ;
2° Vivre du fruit d'un travail honnête ;
3° Avoir de bonnes mœurs ;
4° Se déclarer solidaire de tous les actes du Groupe,

Art. 3.

Conseil d'administration.

Le Conseil d'administration de la Société est confié à une commission de douze membres, plus un nombre d'assesseurs égal au dixième de ses adhérents.

Ils sont élus au scrutin secret et à la majorité absolue à la réunion générale de janvier. Ces membres sont rééligibles.

Art. 4.

Il est nommé pour chaque réunion un président de séance, dont le pouvoir expire après la séance levée.

Pour un an :

Un Directeur général ;
Un Secrétaire ,
Un Secrétaire archiviste ;
Un Trésorier ;
Un Trésorier-Adjoint ;
Un Censeur ;
Un Porte-Drapeau ;
Deux Commissaires aux enquêtes ;
Trois Organisateurs des enterrements.

Art, 5.

Fonctions attributives des membres du Conseil administratif.

Le Directeur est chargé de la direction du Groupe, signe tous arrêtés, délibérations des actes et procès-verbaux ; il représente la Société dans tous ses rapports avec l'autorité publique.

Art. 6.

Le Secrétaire est chargé de la rédaction des procès-verbaux des séances, de la correspondance intérieure et extérieure sous la direction du Directeur ; il tiendra un registre des bulletins qui lui seront adressés par le Directeur, de manière à indiquer avec exactitude les secours qui auront été délivrés et présenter ce registre à la vérification. Il est, en outre, chargé des convocations.

ART. 7.

Le Secrétaire archiviste est chargé de la reproduction des lettres dont l'importance peut intéresser le Groupe, sur un registre à ce destiné. Il est chargé de veiller à la conservation des archives.

En cas de maladie ou absence du Secrétaire, il le remplace.

ART. 8.

Le Trésorier est chargé des recettes, des dépenses et du recouvrement en masse des fonds. Il est le dépositaire des dons manuels et volontaires ; ils lui seront directement versés ; il en réclamera en cas de retard la rentrée.

Il doit tenir une comptabilité régulière. Toutes les dépenses ne peuvent être mandatées qu'en présence du Groupe ; le mandat sera signé du Directeur, d'un Secrétaire, du Censeur, d'un Commmissaire et de deux Membres du Groupe désignés par leurs collègues.

ART. 9.

Le Trésorier adjoint tiendra une comptabilité pareille à celle du Trésorier.

En cas de maladie ou absence, le Trésor remplacé par le Trésorier adjoint.

Art. 10.

Le Censeur a pour attributions de veiller à la bonne tenue des réunions et prononce les amendes.

Art. 11.

Le Porte-Drapeau est chargé du matériel funéraire et des fêtes.

Art. 12.

Les Commissaires aux enquêtes sont chargés de faire les enquêtes pour les admissions, de recevoir toutes les demandes de secours, de s'assurer de la position des réclamants, d'en faire aussitôt le rapport au Directeur, de recueillir les amendes non payées, de faire maintenir l'ordre dans les réunions, et de désigner au Censeur les perturbateurs.

Art. 13.

Les Ordonnateurs des enterrements auront pour attributions de régler la marche du cortège et de veiller à sa bonne tenue.

Art. 14.

Toutes les fonctions de membres du Conseil d'administration de la Commission de secours et du Comité de bienfaisance sont simplement honorifiques et ne sont nullement rémunérées.

Art. 15.

Admissions.

Le nombre des membres du Groupe est illimité.

Art. 16.

L'Union des Fédérations ayant pour but de réunir en un faisceau toutes les forces vives de la Libre-Pensée, le Groupe *la Décentralisation* admet dans son sein des membres honoraires en nombre illimité.

Art. 17.

Ces membres devront contribuer fraternellement aux charges du Groupe, mais ils n'auront droit à aucun secours pécuniaire ; ils ne pourront être promus à d'autres fonctions qu'à celles de Président des réunions ordinaires et de l'Assemblée générale.

Art. 18.

Tout postulant demandant à faire partie du Groupe devra être présenté par deux membres anciens qui se déclareront responsables de sa moralité et de son honorabilité.

Art. 19.

Tous les adhérents devront adresser au Directeur général une demande dont la formule leur sera soumise, et qui sera complétée par les nom, prénoms, âge, profession, lieu de naissance et domicile.

Cette demande, qui sera déposée aux archives après admission, devra être signée par les deux membres qui, ayant présenté le candidat, deviendront ses exécuteurs testamentaires.

Art. 20.

Tout membre admis devra signer les déclarations qui suivent sur un livre à souche déposé chez le Directeur. Les dispositions y contenues seront exécutées par les Parrains du Sociétaire, d'accord avec la famille : Je soussigné, déclare ne plus vouloir faire partie d'aucune religion, et adhère complètement aux principes et au but de la Société.

Je m'engage donc à y conformer tous mes actes, et ma volonté expresse est que mes obsèques soient purement civiles.

Je charge mes collègues, membres de la Société, entre les mains desquels je dépose le testament ci-dessous, de le faire exécuter par tous les moyens légaux en leur pouvoir.

Testament.

Je soussigné, membre actif de la *Décentralisation*, groupe de l'Union des Fédérations anticléricales et sociales des Sociétés de libre-pensée, 3e Fédération régionale (Ouest), étant en parfaite santé et jouissant de la plénitude de mes facultés, déclare, sans aucune réserve, que les principes anticléricaux sont absolument les miens. En conséquence, vivant en libre-penseur, je désire être enterré de même, c'est-à-dire sans le concours d'aucun ministre d'aucun culte. Ma volonté à ce sujet est expresse ; les testaments que je pourrais faire postérieurement à celui-ci, et qui ne contiendront que les clauses relatives à la disposition de mon avoir, n'annuleront pas le présent.

Pour le cas où quelqu'un de ma famille s'opposerait à l'exécution de mes volontés anticléricales, je le déclare d'ores et déjà déchu, pour ce seul fait. de tous droits sur mon héritage, sans que néanmoins son opposition puisse aboutir.

Je prie mes amis et collègues de l'Union des Fédérations anticléricales et notamment (*donner les noms de trois ou quatre citoyens du groupe*) de vouloir bien veiller à l'exécution du présent acte, et je les nomme mes exécuteurs testamentaires, avec la mission spéciale de les faire exécuter très fidèlement par tous les moyens de droit.

Enfin, considérant que le caractère purement civil de mes obsèques fera réaliser une économie que j'évalue à (*indiquer la somme économisée par la suppression des frais d'Eglise*) je désire que cette somme profite à la caisse de (*indiquer soit une œuvre de bienfaisance laïque, soit une société républicaine anticléricale*) à qui je la lègue sans aucun frais.

ART 21.

Tout adhérent devra recopier ce testament sur papier timbré de soixante centimes, en se conformant aux indications en lettres italiques.

Le testament doit être entièrement écrit de la main du testateur. Il le terminera avec la date, Angers le..., puis la signature et le remettra entre les mains du Directeur général.

ART. 22.

Les demandes d'admission seront soumises à la Commission administrative qui, pendant les quinze jours qui suivront le dépôt, pourra s'enquérir de la moralité du candidat et favoriser son admission à la réunion générale suivante,

Art. 23.

Les mineurs seront admis avec l'assentiment des parents et sous leur responsabilité.

Art. 24.

Droits d'admission.

Les droits d'admission sont ainsi fixés :
Citoyens, 2 francs ; — Citoyennes, 1 franc ; — Enfants jusqu'à 18 ans, 50 centimes.

Art. 25.

Cotisations.

Les cotisations mensuelles sont :
Citoyens, 0,60 c. ; — Citoyennes, 0,30 c. ; — Enfants de 12 à 18 ans, 0,30 c. ; — jusqu'à 12 ans, 0,15 c.

Lorsque dans une famille le montant des cotisations atteindra 1 fr. 50 par mois, les autres enfants pourront faire partie de la Société moyennant le prix unique d'admission.

Art. 26.

La Société, pour des besoins urgents, se réserve d'augmenter provisoirement les cotisations. Dans tous les cas, cette augmentation ne pourra avoir lieu qu'en assemblée générale et en présence des deux tiers au moins des membres inscrits.

Caisse du Groupe

Art. 27.

Les ressources de la Société se composent :
1º Des droits d'admission ;
2º Des cotisations ;

3ª Du produit des conférences et fêtes organisées par la Société ;

4º Des dons de toute nature, dont l'acceptation n'est pas contraire à l'esprit des lois et aux principes de la Société ;

5º Des amendes pénales.

ART. 28.

Toutes les autres sommes que celles désignées à l'article précédent seront affectées à la caisse spéciale de secours, dite des veuves et orphelins de la Société et des Fédérations.

ART. 29.

Caisse des veuves et des orphelins.

La caisse des veuves et des orphelins se compose :

1º Des amendes encourues par retard de paiement ;

2º Absences non motivées aux réunions générales ;

3º Omissions dans le port obligatoire des insignes ;

4º Des collectes faites aux mariages, enterrements, ou en toutes circonstances ;

5º De l'abandon des frais funéraires ;

6º Des dons qui pourraient être faits spécialement dans ce but.

Ces dons seront acceptés avec inscription du nom des donateurs au procès-verbal.

ART. 30.

Caisse de secours.

Les secours sont une dette sacrée. La Société doit la subsistance à ceux de ses membres qui sont dans le besoin, soit en leur procurant du travail, soit en assurant l'existence à ceux qui sont hors d'état de travailler.

En conséquence, une commission dite de secours, composée de cinq membres, sera chargée d'étudier le cas ou l'intervention de la Société sera nécessaire.

La Commission administrative, sous le contrôle duquel elle sera placée, délibèrera à la plus prochaine réunion qui suivra le dépôt du rapport.

Ce rapport devra être adressé au directeur pour la rédaction de l'ordre du jour.

ART. 31.

Des retraites.

Si après une maladie ne provenant pas de débauche, ni d'accidents survenus dans une rixe, une incurabilité était constatée, ou que par vieillesse un membre de la Société ne pourrait pourvoir par son travail à ses besoins ou à ceux de sa famille, ou qu'il entrât dans un hospice, il lui sera alloué, suivant le cas et jusqu'à son décès, une indemnité fixée en assemblée générale, proportionnellement aux ressources du Groupe.

Mais pour avoir droit à cette retraite, le membre devra justifier de dix ans au moins d'exercice et de versement de ses cotisations.

ART. 32.

Bienfaisance anticléricale

Exceptionnellement, en cas de grande infortune signalée par le vote d'un ou de plusieurs membres de la Société, il peut être accordé des secours à des personnes ne faisant pas partie du Groupe.

Dans ce cas, sur la demande de la commission de secours, et sur l'avis de la Commission administrative, la Société pourra être convoquée extraordinairement afin de statuer sur la nature des dons à faire aux personnes non affiliées à la Société.

Art. 33.

Caisse de secours des Fédérations

Le Groupe se déclarant solidaire envers les groupes des Fédérations, décide que la somme de dix centimes, prise sur les cotisations, sera versée par le Trésorier entre les mains du Président de la 3ᵉ Fédération régionale, à raison de dix centimes par membre et par mois, pour subvenir aux appels solidaire de l'Union générale fédérative.

Art. 34.

Appel à la Solidarité mutuelle des Fédérations

Quand la Société se trouvera impuissante à pourvoir seule aux besoins d'un ou de plusieurs de ses membres, le Directeur, le Secrétaire et le Trésorier adresseront un appel au Président de la 3ᵉ Fédération régionale, à Lisieux (Calvados) pour l'exercice 1887, en faisant serment sur *leur honneur et leur conscience*, que le ou les sociétaires pour lesquels on invoque cet appel se trouvent dans la plus complète nécessité d'avoir recours à la solidarité de la Fédération ; ils donneront les noms, prénoms, âge, profession, domicile et position des intéressés, s'ils sont mariés ou non, chargés de famille ou non, ainsi que les motifs qui donnent lieu à cet appel et leur gravité.

Art. 35.

Pour avoir droit aux secours de la Société ainsi qu'aux appels aux Fédérations, il faudra que les membres justifient d'un an au moins d'exercice légal dans l'association, et aient versé leurs cotisations et droits d'entrée.

Art. 36.

Les versements de chaque membre seront constatés :

1° Sur un registre de recettes ;
3° Sur le livret du membre par l'application d'un cachet spécial, qui restera entre les mains du Directeur ;
3° Par le visa du Trésorier.

Art. 37.

Emploi du capital.

Le capital servira à secourir les membres de la Société qui en feront la demande, à couvrir tous les frais de bureau, de loyer, la formation d'une bibliothèque, l'alimentation de la caisse de secours de la 3ᵉ Fédération, l'achat d'un prix à envoyer chaque année au pensionnat anticlérical de jeunes filles à Montreuil-sous-Bois (Seine), l'achat d'un drapeau et de deux draps mortuaires, l'un pour les grandes personnes, l'autre pour les enfants, et enfin pour subvenir à tous les frais occasionnés pour les obsèques des sociétaires : couronnes, etc., etc.

Art. 38.

Toutes les fois que la somme existant en caisse excédera cent francs, l'excédant sera versé à la recette générale au nom de la Société.

Le livret de caisse sera déposé chez le Directeur du Groupe, qui en restera responsable.

Le Maire d'Angers pourra toujours surveiller 'exécution de ces dispositions.

Art. 39.

Dissolution de la Société.

La Société ne pourra se dissoudre qu'à la majorité des neuf dixièmes des membres de l'association.

Dans ce cas, les fonds seront versés au profit d'une œuvre démocratique.

Le matériel funéraire sera remis entre les mains d'une personne désignée à cet effet, et restera à la disposition de tous ceux qui se feront enterrer civilement.

Art. 40.

Les dettes, s'il y en a, seront réparties impartialement entre tous les membres.

Ceux en retard de leurs cotisations, resteront responsables des dettes pour leur part, s'ils ne sont pas exclus.

Art. 41.

Modification des Statuts.

Il ne sera fait aucune modification aux présents Statuts sans avoir reçu l'autorisation préfectorale.

A cet effet, la Société sera convoquée en assemblée générale obligatoire, et la modification des statuts sera faite en présence des deux tiers au moins des membres inscrits et à la majorité absolue.

Fait en séance, à Angers, le 3 janvier 1887, et accepté à l'unanimité.

Pour le Groupe :

Le Directeur général,

Hippolyte MIALHE.

GROUPE

LA DÉCENTRALISATION

RÈGLEMENT GÉNÉRAL
D'ORDRE INTÉRIEUR

ARTICLE PREMIER.

Toute institution, pour être forte et bien fonctionner, a besoin d'une discipline en accord avec ses principes.

En conséquence, l'association dite *la Décentralisation*, adopte à l'unanimité le présent Règlement général d'ordre intérieur et pénétrés des devoirs qui leur incombent, ses membres prennent l'engagement formel de respecter fidèlement tous les articles qu'il contient.

ART. 2.

Aucune question politique ne pourra être agitée dans les réunions.

Il est interdit de provoquer aucune question étrangère au but de l'Association.

Toute contravention à cet article amènera l'expulsion immédiate.

ART. 3.

Le montant des versements effectués par un membre démissionnaire, exclu ou décédé, appartient de droit à la Société et ne peut être, en aucun cas, l'objet d'une réclamation par la famille.

ART. 4.

Lorsque le Président aura ouvert la séance, le silence sera strictement observé ; il est du devoir de chacun de conserver une attitude calme et digne en tous points d'hommes recherchant à améliorer leur position morale et matérielle.

ART. 5.

Des pénalités.

La séance ouverte. tout Sociétaire est tenu de rester dans la salle des délibérations jusqu'à complet épuisement de l'ordre du jour.

Nul ne pourra s'absenter sans l'autorisation du Président, sous peine d'une amende de dix centimes.

ART. 6.

Les Sociétaires qui désireront prendre la parole sur les questions à l'ordre du jour, devront se faire inscrire par avance et aussitôt que celui-ci aura été communiqué.

Tout Sociétaire qui s'écartera de la question ou qui causera du scandale par ses propos sera mis à l'amende de vingt-cinq centimes.

ART. 7.

Tout Sociétaire qui se présentera aux réunions en état d'ivresse sera mis à l'amende d'un franc, et expulsé pour cette fois de l'assemblée. En cas de récidive. il sera expulsé et radié des cadres.

Art. 8.

Tout Sociétaire qui, dans une discussion, se permettrait des personnalités offensantes contre la vie privée d'un membre ou des injures pouvant faire naître une collision, sera mis à l'amende d'un franc.

En cas de récidive, il sera expulsé et radié des cadres.

Art. 9.

Tout Sociétaire changeant de domicile, et qui n'en préviendra pas le Secrétaire par lettre fermée, sera mis à l'amende de vingt-cinq centimes.

Art. 10.

Tout Sociétaire qui n'assistera pas à l'assemblée générale obligatoire sera mis à l'amende de cinquante centimes.

Art. 11.

Tout Sociétaire qui, convoqué régulièrement, n'assistera pas à l'enterrement d'un membre, sera mis à l'amende de deux francs.

Art. 12.

Tout Sociétaire qui se présentera à un convoi en état d'ivresse, sera mis à l'amende de deux francs et expulsé du convoi ; en cas de récidive, il sera rayé des cadres.

Art. 13.

Si le mari et la femme font partie de la Société, la présence de l'un des deux est suffisante, mais si l'un et l'autre manquent, ils payent tous les deux l'amende.

La présente disposition est applicable aux assemblées générales obligatoires.

Mais dans les deux cas, la femme ne payera qu'une amende de cinquante centimes.

Art. 14.

Insignes.

Les insignes sont aux frais des Sociétaires.

Le port en est obligatoire aux réunions générales et aux enterrements. Aucune délibération ne pourra être prise si tous les membres n'en sont munis ; une pénalité de dix centimes sera exercée contre les sociétaires qui ne se conformeraient pas aux dispositions précédentes.

Art. 15.

Des cas de radiation.

Les amendes seront payées de suite où à la première réunion qui suivra. Les sommes provenant de ces pénalités seront versées par le Trésorier, conformément aux articles 27 et 29 des statuts. Les sociétaires qui se refuseront à les payer seront radiés de l'Association.

Art. 16.

Tout Sociétaire qui serait convaincu d'avoir tenu des propos malveillants sur le compte de la Société, ou d'un de ses membres, sera jugé par l'Assemblée générale, qui pourra prononcer son exclusion immédiate.

Art. 17.

Tout membre qui, dans la vie privée ou publique, se serait rendu coupable d'une indélicatesse, sera rayé de droit après décision du Comité, sauf appel devant l'Assemblée générale.

Art. 18.

Toute plainte secrète dirigée contre un Sociétaire, ou toute demande d'exclusion, devra être remise sous enveloppe cachetée, signée de cinq membres au moins entre les mains du bureau, qui la soumettra immédiatement à la discussion.

Art. 19.

Le billet sera anéanti séance tenante et le bureau s'engage à ne donner aucun compte des noms.

Dans le cas où les griefs établis ne seraient pas justifiés ; il sera procédé à une enquête et prononcé plus tard sur la question.

Art. 20.

Il sera adressé à chaque radié, à son domicile, un avis par lettre fermée de la décision prise par l'assemblée et relatant les motifs qui l'ont provoquée.

Art. 21.

Il est interdit à tout membre démissionnaire ou radié de porter les insignes de la Société dans aucune circonstance, les Sociétaires s'engagent à faire, si le cas se produit, tout ce qui est en leur pouvoir pour empêcher cette illégalité.

ART. 22.

Des Assemblées générales

Tous les mois, le premier lundi, à huit heures précises du soir, il y aura une assemblée générale.

ART. 23.

Tous les trois mois, le dernier dimanche d'avril, juillet, octobre et janvier, aura lieu une assemblée générale obligatoire, pour la reddition des comptes, et les discussions diverses intéressant la Société.

Chaque Sociétaire sera convoqué par lettre. Il sera fait un appel nominal.

ART. 24.

Contrôle.

Le contrôle de la comptabilité sera exercé par une commission de trois membres, nommés en assemblée générale. Elle est renouvelable tous les ans.

ART. 25.

Cette commission donne tous les trois mois aux assemblées générales obligatoires un exposé de la situation morale et financière du Groupe.

ART. 26.

Paiement des cotisations.

Chaque Sociétaire devra payer régulièrement ses cotisations tous les mois. Les membres en retard de plus de deux mois de cotisations seront soumis à une amende de vingt-cinq centimes et seront prévenus de régulariser leur position.

Un mois après cet avertissement, ceux qui n'auront pas versé leur quotité arriérée, seront provisoirement radiés de l'association et ne pourront y rentrer qu'après un versement double de la mise fixée.

ART. 27.

Si toutefois des motifs graves, tels que la maladie, le manque de travail où toutes autres causes majeures ou notoires les ont empêchés de remplir leurs engagements, le conseil administratif (*après enquête*) pourra admettre leurs excuses, et les dispensera de payer tout où partie des amendes encourues.

ART. 28.

L'on inscrira sur un registre spécial, *ad hoc*, le nom du sociétaire, la cause et le prix de l'amende.

Les sommes remises aux membres dans le besoin y seront également portées par le Trésorier et vérifiées par les membres de la commission de secours.

ART 29.

Le règlement peut toujours être modifié. Toute

demande de modification devra être signée de dix
membres et inscrite à l'ordre du jour.

Approuvé à l'unanimité :

Pour le Groupe, à Angers, le 3 janvier 1887.

Le Directeur,	Signé : H. MIALHE.
Le Secrétaire,	J. CHAUVIN.
Le Secrétaire-archi-	
viste.	J. GERBRON.
Le Trésorier,	J. DURAND.
Le Porte-Drapeau,	H. BRUNEAU.
Le Commissaire aux	
enquêtes,	J. BARBE.
Les Ordonnateurs des	
enterrements,	J. B. JULIEN.
Le Censeur,	V. TRÉVARÉ père.

UNION

Des Fédérations Anticléricales et Sociales
DES SOCIÉTÉS DE LIBRE-PENSÉE

IIIᵉ FÉDÉRATION RÉGIONALE (OUEST)

GROUPE D'ANGERS
LA DÉCENTRALISATION

Agis comme tu penses.

RÈGLEMENT
Pour les Enterrements civils

ARTICLE PREMIER.

Le Groupe : *La Décentralisation* assure en cas de décès à chacun de ses membres un convoi uniforme.

ART. 2.

Le Directeur annonce à la famille que la Société fait tous les frais de la sépulture.

ART. 3.

Si la famille voulait changer quelques dispositions qui auraient pour but d augmenter le luxe

de l'enterrement, le Directeur lui fait observer
que par ce fait la Société n'entrera dans aucune
dépense.

ART. 4.

Si la famille d'un membre annonce au Directeur
qu'elle veut supporter les frais et qu'elle aban-
donne la rétribution à la Société, mention en sera
faite au registre des délibérations et cette somme
entrera en caisse sous la dénomination de dons à
la caisse des veuves et des orphelins.

ART. 5.

Aussitôt après le décès d'un des membres du
Groupe, ses parents, ses amis où les sociétaires
devront en faire part au Trésorier du Groupe.

ART. 6.

Des lettres de faire part seront envoyées à tous
les sociétaires, par les soins du Trésorier du
Groupe.

ART. 7.

Les Sociétaires étant tous tenus d'assister au
convoi et à l'inhumation, devront se réunir chez
le Directeur, où le drapeau sera pris, puis tous se
rendront au domicile du défunt, un quart d'heure
avant la levée du corps.

Tous les Sociétaires seront décorés de leur
insigne, un premier appel de présence sera fait.

ART. 8.

Les ordonnateurs de l'enterrement devront veiller à la bonne tenue du cortège.

ART. 9.

Les Sociétaires partiront de chez le défunt sur deux rangs de manière que les membres de la famille et les amis du défunt se trouvent au milieu du cortège. Les membres du conseil administratif prendront la tête du deuil et pourront accompagner les parents.

ART. 10.

Les membres honoraires recevront les mêmes honneurs, mais seront enterrés aux frais de leurs familles.

ART. 11.

Arrivés au cimetière, les Sociétaires entoureront la fosse, et n'en partiront qu'après la première terre jetée sur le corps.

ART. 12.

A la sortie du cimetière, le Directeur fera un deuxième appel de présence.

ART. 13.

Si une famille refuse les honneurs, le Directeur ne convoquera pas la Société.

ART. 14.

La Société, si elle y est invitée, pourra assister à l'enterrement civil d'un citoyen où d'une citoyenne ne faisant pas partie du Groupe.

Art. 15.

Le matériel funéraire pourra servir pour les enterrements de personnes étrangères à la Société, mais il devra être versé entre les mains du Trésorier une somme de cinq francs à titre d'indemnité pour la · personne qui est chargé du matériel. Le Porte - Drapeau conservateur du matériel ne devra le livrer que sur le visa du Trésorier.

Art. 16

Tous les adhérents seront tenus de se munir à leurs frais d'un exemplaire des Statuts et réglements.

Fait en assemblée générale, le 3 janvier 1887.

Les membres du bureau provisoire :

H. MIALHE, *directeur*.

J. CHAUVIN, *secrétaire*.   DURAND, *trésorier*.

V. TRÉVARÉ, *censeur*.